सब के बारे में पेंगुइन

चार्लोट थॉर्न

कनिष्ठ शिक्षार्थी

सब के बारे में पेंगुइन

चार्लोट थॉर्न

पेंगुइन उड़ने में असमर्थ और जलीय पक्षी हैं जो जितने दिलचस्प हैं उतने ही मनमोहक भी!

पेंगुइन के जीवाश्म 60 मिलियन वर्ष
से भी अधिक पुराने हैं।

पेंगुइन का पहला ज्ञात विवरण 16वीं शताब्दी में एक पुर्तगाली खोजकर्ता से मिला।

पैलेयूडाइप्ट्स क्लेकोव्स्की के प्रसिद्ध जीवाश्म से एक विलुप्त पेंगुइन का पता चलता है जो 6 फीट लंबा था!

अब पेंगुइन की सबसे बड़ी प्रजाति एम्परर पेंगुइन है। वे 3 फीट से अधिक लंबे खड़े हो सकते हैं।

पेंगुइन को पक्षियों की श्रेणी में रखा जाता है क्योंकि उनके पंख होते हैं और वे अंडे दे सकते हैं। वे अन्य पक्षियों की तरह उड़ नहीं सकते।

पेंगुइन उत्कृष्ट गोताखोर हैं और कुछ प्रजातियाँ 1,500 फीट से अधिक की गहराई तक पहुँच सकती हैं, और 20 मिनट तक अपनी सांस रोक सकती हैं।

पेंगुइन पंख उन्हें गर्म रखने के लिए जलरोधक इन्सुलेशन प्रदान करते हैं।

पेंगुइन अपनी आवाज़ का उपयोग करके एक-दूसरे से संवाद करते हैं, जिसे ब्रेइंग कहा जाता है।

वास्तविक जीवन में बहुत प्रसिद्ध पेंगुइन नहीं हैं, लेकिन...

...कई फिल्मों में पेंगुइन को दिखाया गया है! जैसे मैरी पोपिन्स, मेडागास्कर, और हैप्पी फीट!

क्या आप जानते हैं पेंगुइन के भी परिवार होते हैं? माँ पेंगुइन और पिता पेंगुइन मिलकर अपने बच्चों का पालन-पोषण करेंगे।

एम्परर पेंगुइन को छोड़कर, माता और पिता दोनों बारी-बारी से अंडे को गर्म रखते हैं। उनके साथ पिता अकेले ही अंडे को गर्म रखते हैं।

आइए पेंगुइन की विभिन्न प्रजातियों पर एक नज़र डालें।

शहंशाह पेंग्विन

वे पेंगुइन प्रजातियों में सबसे बड़े हैं... और सबसे भारी! वे अपने बहुत प्यारे बच्चों और अपने काले, सफेद और पीले रंग के रूप के लिए जाने जाते हैं। वे सबसे खराब मौसम का भी सामना कर सकते हैं।

एडेली पेंगुइन

ये पक्षी छोटे हैं लेकिन इनका व्यक्तित्व अनोखा है! सम्राट पेंगुइन की तरह, वे कलात्मक पेंगुइन हैं। वे महान तैराक और गोताखोर हैं, और अपनी आंखों के चारों ओर सफेद घेरे के लिए जाने जाते हैं।

राजा पेंगुइन

वे अपने नारंगी निशानों के कारण सम्राट पेंगुइन के समान दिखते हैं। वे पेंगुइन की दूसरी सबसे बड़ी प्रजाति हैं, और उनके बच्चे भूरे रंग के छोटे फूले हुए जैसे दिखते हैं।

जेंटू पेंगुइन

इन पेंगुइनों की चोंच और पैर चमकीले नारंगी रंग के होते हैं। भले ही वे कुछ छोटे दिखते हैं, वे तीसरी सबसे बड़ी प्रजाति हैं! ये अंटार्कटिक क्षेत्रों में पाए जाते हैं।

चिनस्ट्रैप पेंगुइन

ये पेंगुइन अजीब दिखने वाले हैं। उनकी गर्दन के नीचे काली रेखा होती है, यही वजह है कि उन्हें "चिनस्ट्रैप" कहा जाता है। वे अच्छे पर्वतारोही हैं.

मैकरोनी पेंगुइन

ये पक्षी बड़ी बस्तियों में रहते हैं। वे ऊर्जावान और बहुत सामाजिक माने जाते हैं। वे अपने पीले सिरों के कारण सबसे अधिक जाने जाते हैं, जिन्हें "शिखाएँ" भी कहा जाता है।

रॉकहॉपर पेंगुइन

इन पेंगुइनों की शिखाएँ सबसे अच्छी हैं! देखो उनके सिर कितने नुकीले और पीले हैं। उनकी आंखें भी लाल हैं. रॉकहॉपर पेंगुइन अद्भुत पर्वतारोही माने जाते हैं।

मैगेलैनिक पेंगुइन

उनकी छाती पर काले घोड़े की नाल की पट्टी होती है, और वे गर्म क्षेत्रों में पाई जाने वाली पेंगुइन प्रजातियों में से एक हैं। इनका घर दक्षिण अमेरिका के तट हैं!

हम्बोल्ट पेंगुइन

ये पेंगुइन भी दक्षिण अमेरिका के मूल निवासी हैं। उनके चेहरे पर गुलाबी धब्बे हैं और वे महान तैराक हैं।

गैलापागोस पेंगुइन

ये एकमात्र पेंगुइन हैं जो भूमध्य रेखा के उत्तर में पाए जाते हैं - जो वह रेखा है जो पृथ्वी को उत्तर और दक्षिण में विभाजित करती है। वे बहुत छोटे पक्षी हैं।

अफ़्रीकी पेंगुइन

इन पेंगुइनों की आवाज़ बहुत अनोखी होती है - उनकी आवाज़ गधे की तरह सुनाई देती है! इसलिए उनका नाम पड़ा, वे अफ़्रीकी महाद्वीप के दक्षिणी भाग में रहते हैं।

पीली आंखों वाला पेंगुइन

ये पक्षी न्यूजीलैंड को अपना घर कहते हैं। न केवल उनकी आंखें पीली हैं, बल्कि उनके सिर के चारों ओर एक पीली पट्टी भी है। ये सबसे दुर्लभ पेंगुइन प्रजातियों में से एक हैं।

छोटा नीला पेंगुइन

इन्हें "फेयरी पेंगुइन" भी कहा जाता है क्योंकि ये पेंगुइन की सबसे छोटी प्रजाति हैं। ये छोटे पक्षी ऑस्ट्रेलिया और न्यूजीलैंड में पाए जाते हैं।

रॉयल पेंगुइन

इन पक्षियों की एक अजीब सी दिखने वाली पीली कलगी और सिर होता है। वे केवल मैक्वेरी द्वीप पर रहते हैं, लेकिन अपना अधिकांश जीवन समुद्र में बिताते हैं।

फियोर्डलैंड पेंगुइन

वे अपनी पीली शिखाओं के लिए भी जाने जाते हैं, वे न्यूज़ीलैंड में दक्षिण द्वीप के मैदानों पर रहते हैं। वे झाड़ियों के नीचे या पेड़ की जड़ों के बीच घोंसला बनाते हैं।

सीधी कलगी वाला पेंगुइन

इन पक्षियों की बहुत ऊँची पीली कलियाँ होती हैं और ये अंटार्कटिक द्वीपों के आसपास पाए जाते हैं। वे बहुत सामाजिक होने के साथ-साथ मुखर पक्षी भी हैं!

पेंगुइन को फँसाता है

ये पेंगुइन इरेक्ट-क्रेस्टेड पेंगुइन के समान दिखते हैं। वे चट्टानी तटों पर रहते हैं, और जब वे तैरते हैं तो वे समुद्र में छिप सकते हैं।

क्रेस्टेड पेंगुइन

न्यूज़ीलैंड के ये पक्षी उपनिवेशों में रहते हैं और कई अन्य प्रजातियों की तरह, उनकी लंबी पीली भौहें होती हैं। वे क्रिल पर भोजन करते हैं।

पेंगुइन हमारे पारिस्थितिकी तंत्र की मदद करते हैं।

जंगली पेंगुइन की आबादी वैज्ञानिकों को बताती है
कि समुद्री पारिस्थितिकी तंत्र कितना स्वस्थ है।

पेंगुइन की गोताखोरी क्षमताओं के अध्ययन ने पानी के नीचे प्रौद्योगिकियों के विकास को प्रेरित किया है।

पेंगुइन संभोग और पालन-पोषण के व्यवहार के शोध ने बच्चों के पालन-पोषण और मनुष्यों के बीच संबंधों में अंतर्दृष्टि प्रदान की है।

पेंगुइन हमारे पारिस्थितिकी तंत्र और जीवन चक्र का एक महत्वपूर्ण हिस्सा हैं। वे पृथ्वी के सबसे मनोरम और प्यारे प्राणियों में से एक हैं।